JN439555

소크라테스 형

세상이 왜 이래

Mr socrates, Tell me the answer

소크라테스 형!

세상이 왜 이래

Mr socrates, Tell me the answer

松泉

이희두 시집

계간문예

시인의 말

코로나19로 인해 힘든 한해를 보내고 2021년(신축년 소띠) 새해를 맞이했지만 지구촌 사람들이 지금도 귀한 생명을 빼앗기고 있으니 모든 국민들이 코로나19를 이기자고 무릎꿇고 기도한다.

전세계 인류가 스트레스로 인해 고통을 받고 있는 지금 옛날 방송 연수원에서 같이 공부했던 친구의 노래가 생각난다.

〈세상은 요지경〉을 부른 탤런트 겸 가수. 가사를 음미해보면 '재미있고 웃음이 절로 난다 그래서 한바탕 웃는다.'

또 요즘 유행하는 '아! 테스형 세상이 왜 이래 왜 이렇게 힘들어~ 세상이 눈물 많은 나에게~ 세월은 또 왜 저래~ 먼저 가본 저세상 어떤 가요 테스형' 이 노래로 마음을 달래보며 걱정하지 않는 따뜻한 봄날이 오기를 손꼽아 기다려 보며, 요즘같이 어려운 때일수록 주변을 살펴보며 용기와 희망을 주는 그러한 분들이 많았으면 좋겠다.

지금까지 사랑으로 은혜로 발길을 인도하신 하나님께 영광 돌리며 성경 말씀으로 함께 하고자 한다.

태초에 하나님이 천지를 창조하시니라. 땅이 혼돈하고 공허하여 흑암이 깊음위에 있고 하나님의 신은 수면에 운행하시니라
하나님이 가라사대 빛이 있으라 하시매 빛이 있었고 그 빛이 하나님 보시기기에 좋았더라. (성경 창 1:1-4)

내가 네게 큰 복을 주고 네 씨로 크게 성장하여 하늘의 별과 같고 바닷가의 모래와 같게 하리니 네 씨가 그대 적의 문을 얻으리라 또 네 씨로 말미암아 천하 만민의 복을 얻으리니 (창 22:17-18)

전세계 인류가 코로나19를 극복하고 큰 복을 받기를 기도하며 하나님의 음성을 듣고 6번째 시집을 출간했다.

시집이 잉태할 때까지 힘이 되어준 아내 조나영, 아들 순영, 며느리 정윤, 손녀 수현, 소윤. 믿음 · 소망 · 사랑으로 오랜 세월 묵묵히 성직을 함께한 양선규 목사(대한예수교장로회(합동보수) 부총회장, 시인), 작품으로 함께 해주신 김정숙 교수님, 항상 힘이되어 주신 신아 미디어그룹 서정환 회장님께 감사 드리며 모든분들 건강하시길 축복하며 오늘도 두꺼비와 지렁이가 한몸되고 가재와 다슬기가 함께 살고 있는 청정지역에서 돌아올 미래를 생각하며 오천만 국민 평안을 위해 기도하며 새해를 맞이한다.

2021년 1월 새해

남덕유산 자락에서 이희두(시인)

축하의 말씀

양선규 시인
대한예수교장로회(합동보수)총회 부총회장, 목사

20년 넘는 세월동안

20년이 넘는 세월동안
이희두 목사님을 가까이 뵈며
모든일에 정도와 공의로 굽히지 않고, 타협하지 않고,
바른길로 인도하시는 스승님의 6번째 시집
출간을 축하드립니다.
사모님과 자손들의 삶도 지켜보며
하늘을 향해 큰 기쁨과 감사가 넘쳐
축하 시를 보내 드립니다.

강산이 두번 바뀌어도

하늘이 맺어준 인연속에
신실함과 진실한 바람의 노래
바람결에 시작되어
강산이 두번 바뀌어도
변하지 않는 큰 바위 얼굴
한결같은 성품에
마음의 존경으로
생명의 강 흘러넘쳐
더 나은 다음 세대
빛을 발하는 영광의 세대
님이 보여주신 발자국 따라
끝까지 가리라
보내신 곳에서 명하신 일
작은날의 일들을
멸시치 않고
성실한 하루하루
강산이 두번 바뀌어도
변하지 않는 삶을 통해
영원한 생명 주를 보리라

차례

제2부

훨훨 날아라

제3부 갈대에게 물어본다

제4부 내 곁에 그대가

제5부

마음을 비우면

제6부

자유의 여신상

작가 **김정숙**

작품설명

코로나로 인해서 서로의 만남이 두려움으로 세상은 변해가고 있다. 인간의 삶도 아름다운 질서보다 오만과 상처로 채워지고 있는 어둡고 안타까운 현실을 작품으로 표현했다

경력

- 개인전 30회(미국, 일본, 호주, 독일, 중국, 서울 등)
- 대한민국 미술대전 특선 3회 및 입선 7회
- 한국미술협회 미술인상, 오늘의 미술가상, 동서미술상, 원미술상, 춘추미술상 수상
- 대한민국 미술대전 심사위원(2003, 2009, 2013, 2020) 및 각종 공모전 운영 및 심사위원 역임
- 저서: 아동미술치료의 이론과 실제 / 교문사
  아동미술교육의 이론과 실제 / 교문사
- 현) 국립 군산대학교 예술대학 미술학과 교수

제1부

소크라테스 형!
세상이 왜 이래

세상이 왜 이래 한지+혼합재료, 40x40cm, 2020

살기가 너무 힘들어

지구촌이 왜 이러지 세상이 왜이래
왜 이렇게 힘이들까
세상과 환경이 변해도
우리만 잘되면 되는거야
그래서 지구촌이 병이 들어 버린거지
세상이 코로나19로
생명들이 숨통이 막혀
한줌의 흙이되어
이름 모를 잡초의 밑거름이 된다
지구촌은 눈물 바다를 이루고
눈물이 모여 강이되어 바다로 떠난다
어두운 밤 찾아오니 훨훨날고 있는 새떼들
안식처를 찾아가고
어두운 밤이 지나고 해가 뜨며는
따뜻한 봄날이 오겠지

새날이 올거야

원망과 탄식하는 소리가
귓가을 요동친다
디질 방앗간의 방아 찧는 소리가
쿵쿵쿵 심장을 내리 찧고 있다
절구통의 떡을치는 소리도 들리고
듣기도 민망한 소리가
웅성웅성 쓰나미 처럼 밀려온다.
정신이 몽룡하고
한치 앞을 보지 못하고,
가야 할 길을 모르고 멈추어 버리니
세상이 왜이래
하늘, 땅, 바다 산천초목이 화를 내고
하—이얀 떡가루 부서지듯이
천지가 부서지고 뒤집어지고 있다
무릎 꿇고 하늘에 물어보니
새날이 다가 올 것이라고 말씀한다.

세상이 왜 이래

오천만 국민이
토끼 눈이 되어 모두가 깜짝 놀란다
아 테스 형
세상이 왜이래 왜 이렇게 힘들어
아 테스 형 소크라테스 형 (중간생략)
아 테스 형
세상이 눈물 많은 나에게
아 테스형 소크라테스 형
세월은 또 왜 저래
먼저 가 본 저세상 어떤가요 테스 형
가보니까 천국은 있던가요 테스 형 (생략)
세상이 많이 변하고
이기주의가 팽배하고
사람도 환경도 모두가 변했다
아 – 어찌할꼬
아름다운 금수강산 자연들은 훼손되고
생명체들은 꿈을 펼쳐보지 못하고
환경 파괴로 죽어만가고

코로나19가 극성을 부리고
사람들은 생명을 잃어가고
아 – 테스 형 어찌해야 할까
소크라테스 형 답을 주세요

살아줘서 고맙다

살아있다는 것이 힘이 든다
매일 삶에서 고통 근심 속에 살면서
살아줘서 너무나 고맙다
코로나 19로 인해
사랑하는 사람들 만나지 못하고
목소리라도 들으니 행복하다
어려운 이 시대
독한 마음으로 코로나19와 싸워 나가고 있고
세상은 너무나 변했지만 살아남아
왜 이런지 왜 이렇게 힘든지
세월이 흐른 다음 물어봐야겠다
살아주어 고맙다

살아야 바람이 분다

살아야 바람이 분다
불어라 바람아 살아보자
하늘이 주셨던 귀한 생명
지구촌 사람들 수백만 명이
코로나19로 목숨을 빼앗기고
한줌의 흙이 되고 있다
전 세계 모든 사람들
하루 하루를 공포 속에 살고
미래 불안감 때문에 떨고
가족과 친구들은 여행도 못하며
자유롭게 만날 수가 없고
지구촌의 사람들 한숨소리가
천둥소리와 같이 요란하고
통곡소리가 요란하다
어찌 살아야 힘든 세상을 살 수 있을까
아 – 아
하늘에서 말씀하신 그날이 오는가 싶다

좋은 세상이 번개불처럼

전 세계에서 코로나19로 인해
수백만 명이 목숨을 잃었다
최첨단 시대에 살고 있는 우리가
공포감으로무서워서 떨며
상대를 의심하며 살아가는
현실이 되어 버렸고
왜 이런 질병이
반갑지도 않는 손님이
이 세상에 찾아왔을까
모든것은 우리의 잘못으로 찾아온 것
새로운 세상을 만들기 위해
밀물과 썰물이 몰아치고 있다.
이제 모든 것을 내려놓고
무서워 하지말고 코로나19를 함께 극복하자
아~ 아~
좋은 세상이 번개불처럼
우리 곁에 왔으면 좋겠다

꿀이 좋아

옛날 어릴적
부모님이 꿀을 구입해
약이다 하시면서
입에다 한수저 넣어 주면
달콤하고 맛이 좋았었지
그때 생각을 하면 침이 샘솟는다
흘러내리는 벌꿀을 생각하면
그 달콤한 맛을못 잊어
내 마음을 흔들어 놓는다
꿀을 싫어하는 사람은 없지만
과하면 몹쓸병을 유발하는 것
맛있어도 적당한 양으로
너와 나의 건강을 지키며
꿀의 음미한 맛을 느껴보면 좋겠지

어깨동무

지구촌이
코로나19로 몸살을 앓고 있다
오늘은
산과 들이 하얗게 변했다
하늘에서눈이 내려
내 가슴도 하~얀 눈 같이 되었고
이제는
코로나 없는 좋은 세상에서
깨끗한 환경에서
어깨동무 하면서 살고 싶다

새싹은 고난 속에서도 자란다

연두빛 새살이 돋고 있다
새순을 바라보며 입맞춤 한다
코로나19 신종 전염으로
총성없는 전쟁이 지구촌에서 일어났다
수많은 사람이 생명을 빼앗기고
마스크와 생활용품을 구입하기 위해
수백미터 줄을 서서 기다리고
거리두기를 하고 있다
하늘과 땅을 한산하며
전세계로 전염병은 번졌다
경제불황으로
점포가 텅텅 비어있고
사람들은 혼자 외로이 코로나19를 이겨내고
인공위성으로 보니 미세먼지가 줄어 공기가 맑아지고
파란 하늘을 보고 희망을 갖는다
자연을 보호하고 나무를 많이 심어야
전염병을 막을 수가 있음을 알았고
새싹은 어떠한 고난 속에서도 잘자라
생명의 빛을 전한다

생명이 잉태한다

한겨울 동안 두텁게 입었던
털옷을 벗어버리고
고개를 살며시 내밀며
세상을 내다보니 조용하다
지구촌이 바쁘게 돌아가는데
강추위가 지나고 봄이 돌아와
긴 여행에서 돌아오는 새 생명들
코로나19가 휩쓸고 간 세상
지구촌 거리는 유령 도시가 되고
분주하게 살아간 삶의 발자국이
공포 속에서 해 저무는 하루
나뭇가지로 흐르는
강렬한 햇살을 가슴에 안고
수많은 세월동안 생명을 다한
두꺼운 옷을 벗어 버리고
오늘 힘차게 기지개를 피며
새로운 생명이 잉태하고 있다.

하늘을 보면

전 인류가 절망에 빠져있고
모두가 희망을 이야기하지만
희망이 있는가
희망을 기다려 보자
다 잘 될거야 하고
마음을 다져보고
가장 낮은 자리에서
하늘을 보면 어떨까

지구촌 덮친 마스크 전쟁 - 코로나 19

하얀 눈이 내리는 추운 겨울
눈보라가 차갑게 볼을 스치고
추위와 감기 예방을 위해 마스크로 입을 가리면
온기를 느끼게 되고
자연환경 훼손으로 인해 미세먼저 때문에
사계절 마스크를 착용하며 살고 있다
정자년 이천이십년 삼월 현재
신종 코로나19로 인하여
지구촌 모든 사람들이 생명의 위협으로 떨고 있고
직위가 높고 낮음을 가리지 않은 채 전염되고
중국, 한국은 마스크를 구입할 수 없어 대란이 일어났다
한국에는 기독교, 천주교, 불교가 (3월 1일부터)
모든 예배와 집회를 중단했으며
육 · 해 · 공이 코로나 19에 뚫렸다
지구촌을 덮친 수많은 나라는 한국인 입국제한과
국제선 운행을 중단하고
대구 신천지 교인으로 인해
전국으로 확산되어 사망자는 늘어나고

오천만 국민이 숨죽이며 불안해하는데
전국의 도시 거리는 한산한 도시가 되었으며
소비구조는 얼어붙어 경제불황이 심화되고
미래 세대는 어떠한 일이 생길까 걱정을 한다
오천만 우리 민족이 힘을 모아 코로나를 몰아내어
옛 모습 생활로 돌아오기를 두 손 모아 기도한다

제2부

훨훨 날아라

봄 한지+혼합재료, 72x50cm, 2020

봄비

봄비가 촉촉이 내린다
싱그러운
봄비처럼
내 마음속에 소망을 심어
사랑을 받는
꽃으로 피어내고 싶다

꽃

아름다운 꽃으로 와서
그리움으로 머무는 그대
항상 서로에게
엔돌핀이 되어
행복을 전하며 살아요.

한번뿐

단 한 번 뿐인 우리 인생
흐르는 물처럼
봄이 되면 피는 꽃처럼
노래하는 새처럼
항상 웃으면서
사랑으로 아름답게
인생 꽃을 피우며
정답게 살아가요

노고지리

노고지리가
앞산에서 봄을 알린다
꽃들은 뒤질세라 얼굴을 내밀며
향긋한 향기로
그리움으로 피어난다
향기는 꽃바람 타고 날아가
사랑하는 마음속에 쉬고 있다.

봄

툇마루에 누워
화살로 지붕을 엮고
순수한 그대의 마음
집안 가득 향내 내면
나는 부드러운 사내가 되어
그대의 모든 걸 끌어안는다
화단 위에 꽃들로 태초의 눈길로
사랑을 나누고
집 밖 나비들도
저 멀리 바다 냄새 끌어와
행복을 보탠다
세상은 아름다운 것
한평생 다 바쳐 고치지 못한 못된 버릇
그대는 한 순간 신의 손길처럼
감미로운 사내로 탈바꿈 해준다.

꽃비

봄은 왔는데
바람과 함께 비가 쏟아진다
하늘에서 쏟아지는 비는
나뭇가지 꽃과 만나 떨어지고
꽃들은 심겨워서 지쳐 떨어진다
건너편에는 복사꽃이 피었고
내리는 꽃비가 얼굴에 쌓인 먼지를
깨끗이 이쁘게 씻겨준다
오늘 하루를 지나고 나면
대지 위에 떨어져 있는 꽃눈은
슬픈 모습들로 있겠지
사월 비 · 바람에 여기저기 떨어진 눈꽃들
푸른 하늘 별빛처럼
꽃눈들이 길가에서 행복하다며 웃는다.

꽃의 노래

봄을 기다렸다는 듯이
한겨울의 추위를 이겨내고
탱탱한 봉오리가 터져나와
은은한 피아노 음률과 같이 다가와서
지구촌을 빨강 노랑색으로 색칠을 한다
잎새는 한해를 살기 위해
햇살을 모아 제물을 살찌워가고
산과 들에는 웃음꽃이 활짝 피었다

합창의 메아리

화음에 맞추어
합창의 메아리가 들려온다
봄의 여신이 찾아와
양지바른 언덕에서
터질듯한 봉오리를 맺고 손짓을 하며
벌 · 나비를 소리 내어 부른다
숲과 계곡, 산과 들에는
웃음꽃이 활짝 피고
합창의 메아리는 울려 퍼진다

목련꽃 피는 날

사월의 어느 날
어둠 속에 죽어 있던
생명이 다시 태어났다
장닭 우는 꼬끼오 소리에
잠 깨어 눈 비비고 일어난
부활의 새벽
어두운 밤 어디서 쉬고 왔는지
목련꽃 나무에 하얀 새들이
떼를 지어 모여 앉아 해맑은 웃음으로
새봄을 노래한다.

내 영혼의 한국화

봄엔 덕유산이
아지랑이로 몸을 살짝 가리면서
푸른 옷 갈아입어
마음에 남았고
여름엔 녹음방초 싱그럽게
심흉(心胸)스레 웃었다
가을엔
야하게 화장하고 자태를 뽐내며
낙원을 이루었기에
마음을 남았으며
겨울엔 순백(純白)한 옷 갈아입고
세상을 책망하며
마음속에 담았다
덕유산은 각일각 내영 혼 깊은 곳
사계절로 채색된 한국 화가 되었노라

언덕 아래 연못

따뜻한 봄 들녘에
울긋불긋 꽃잔치가 열렸다
봄바람 산허리를 돌아
복숭아꽃 축제가
언덕에는 백학 춤추듯
덩실덩실 백련의 춤을 춘다
내 마음은 봄향에

꽃들의 합창

반주에 맞추어
꽃들의 합창소리가 들린다
잠에서 깨어난 새싹들도
얼굴 화장을 하고 함께한다
여기 기에서
환한 얼굴로 웃음을 선사한다
아직은 춥지만
꽃잎의 웃음 짓는 소리가 아름답다

부모님

무지갯빛 봄날
진달래꽃을 따서 보냅니다
부모님 이름 써서
바람에게 편지를 부치니
가슴이 두근거리며 목소리 들립니다
어두운 밤 호롱불 아래
긴긴밤을 보내던 부모님
지금도 잊지 못해
마음속에서 지워지지 않고
영원한 그리움만 남는다

고향의 추억

내 고향
땅에는 추억이 있고
가족 친척 친구가 있어
웃음꽃이 활짝 피는 곳
이곳에는 사랑의 부모님 말씀이
항상 샘물처럼 맑았으며
태어나고 자란 그곳에는 둥지가 있고
우리의 마음과 혼이 함께 있어
고향의 추억이 좋다

봄나들이

봄나들이 행렬에
노랑 검정 옷을 입고
기웃 기웃 기웃
띠우뚱 띠우뚱
달려가도 끝이 없고
세상은 넓고
볼거리가 너무 많아
눈동자는 휘둥그레
여기가 어디야?
너희가 살아야 할 곳
엄마 닭과 병아리의
봄나들이는 눈요기가 많아
개나리 피어있는 언덕에서
엄마닭은 병아리에게 소곤소곤댄다
황금 멍멍이 벌렁 누워
강아지는 흥에 젖어 즐거워한다

훨훨 날아라

푸른 하늘로 훨훨 날아
이곳저곳 돌아보니
여기저기서 웃음소리와 함께
아름다운 노랫가락이 흘러나온다
흥겨워서 손에 손잡고
지구는 무지갯빛으로 변하고
여인네 색동저고리가 훨훨 날아
외딴 집에 살며시 내려앉았다
산 넘고 물 건너 다가가서 보니
아름다운 그대가 가슴에 자리 잡고 있다
하늘을 보고 땅을 보니 모두가 놀란다
그대를 보고
가슴에 손을 얹고 생각하니
나이테도 하나둘 꽃잎처럼 훨훨 날아
저 나라로 그대에게 다가갈 것이다.

꿀 향기

활짝 핀 살구꽃
꿀벌이 살며시 키스한다
벌은 꿀을 만든다
꽃은 향기를 만들어 내고
사람은
인연을 만들며
좋은 친구는 행복을 전한다

소풍

삶은 소풍이고
즐거운 여행이다
여행하는 기간에 후회 없이 보고 살다가
좋은 일은 추억으로 남기고
안 좋은 일들은 경험으로 하며
즐겁고 재미있는 추억으로
남기어 보자

봄비 소리에 잠에서 깨어난다

봄비와 함께 바람이 불어온다
빗소리에 잠을 깨고 밖을 본다
농부들이 농사 준비를 하고
밭두렁에는 쟁기질 소리가 들리고
시골 노인 밭갈이 하느라 바쁘다
조상들이 물려준 대지 위에
봄비가 촉촉이 젖어내려
파릇파릇 새싹이
고개를 내밀고
뒷산에 나무들은 생기가 돋아 살맛 나고
바로 목욕한 어린아이와 같다
똑같이 내린 봄비에
수많은 종류의 식물이 성장하여
아름다운 꽃을 활짝 피우고
열매를 맺어 후대를 본다
하늘에서 내린 비 만물을 고루 적시는데
초목은 똑같이 먹고도
성장과정은 제각기 다르다

봄비를 맞으며
부지런히 씨앗을 뿌리고 거두어 보자

봄 편지

봄 편지를 전해온
매화 꽃망울이 방긋 웃는다
봄소식을 가져올 친구들을 기다리는데
하늘에서 하~얀 솜털이 날리며
바람과 함께 추위를 가져오고
봄의 여신들은 깜짝 놀란다
하얀 옷을 입고
먼 곳에서 길을 잃어 당신 집에 쉬어 가겠다고
옷을 벗고 맨몸으로 떠나고 나니
아쉬움만 남게 되고
좋은 날을 웃으며 살기 위해
힘차게 기지개를 펴고 세상을 바라본다

오솔길을 걸으며

산자락의 오솔길을 걷노라면
이름 모를 꽃들이 많이 있지만
민들레가 제일 먼저 웃는다
많은 사람들에게 기쁨을 주고
생명의 신비로움을 선물하는 민들레
온갖 시련을 견디며 살아남아
노란 꽃 흰옷을 입고 반가이 맞이하며
건강한 삶을 살자고 이야기한다

밭갈이 하자

저 멀리 아지랑이 아롱거리고
들판에는 새싹들이 꽃을 피우며 키재기를 하고
개나리 뒤질세라 화폭에 노란 물들이며
산언덕의 농부와 누렁이 황소가 한 몸이 돼서
밭갈이하는 모습이 보인다
흙을 뒤집고 나니
한 해 동안 잠을 자다 깨어 힘을 얻는다
이천이십년 사월 십오일은 국회의원 선거일
새로운 곡식을 찾아보는데 보이지 않는다
한 번 더 깊이 땅을 뒤집어서
새 곡식을 심어보자
보물찾기 하듯이 샅샅이 뒤져보고
좋은 씨앗을 찾아 심어야겠다

너는 강하다

햇살이 따뜻한 11월 하순
하늘은 높고 맑다
노부부가 빈 공터에서 밭일을 하고 있다
발걸음이 노인을 향하여
가까이 다가가보니
땀을 흘리며 무엇인가 심고 있다
한겨울을 이겨내는 양파를 심고 있고
짜출이 땅에는
상추가 파랗게 잘 자라고
엄동설한 겨울에도
추위를 이겨내고
이른 봄에 잘 살아남아 푸르름을 노래한다
가냘픈 새싹은
입지도 덥지도 않고
추운 겨울을 지내야 하니
사람보다 더 강한 니가 부럽구나

제3부

갈대에게 물어본다

여름 한지+혼합재료, 72x50cm, 2020

자연의 섭리

자연은 깊이가 있다
자연 속을 거닐며 자연과 대화를 한다
나의 얘기를 듣고나서
넓고 넓은 가슴으로 받아들인다
자연 속에서 나무 돌 온갖 잡초들이
속삭이며
시기 질투 하는 것처럼 온갖 잡새와
고라니 등이 함께 인사한다
너와 내가 친구가 되어
생명이 다하는 날까지
함께 하자고 소리 질렀더니
건너편 계곡에서 그렇게 하자고
일생을 함께할 친구가 되었다.

까까머리 소년

산으로 뒤덮인 농촌에서
까까머리 소년이 태어나
환경에 적응을 못해 울고만 있다
눈만 뜨고 나면 보는 것이 나무와 새들이고
파란 하늘에 날아다니는 비행기였다
농촌 환경에 적응하며 꿈을 키우고
꿈 많은 소년은
꿈을 이루기 위해
기차를 타고 먼길을 간다
최고의 리더가 되기 위해
한국을 이끌고 있는 지도자를 만나 한배를 타고간다
끝이 보이지 않는 바다를 항해할 때
폭풍을 만나 위험한 시기도 있었다
비바람을 이겨내고 뒤를 돌아보니
가을이 되어 추수 할 때가 다가왔다
까까머리 소년
어릴 적 꿈 반은 해낸 것 같다
인생이란 소리 없이 빛처럼 왔다가는 것이다

어린 공주 요시꼬

농촌의 시골마을 보리고개 시절
다섯살 코흘리개 꼬마 앞에
아름다운 인형 같은 여자아이가 나타나서
마음을 빼앗아갔다
하~얀 얼굴에 웃음띤 모습
옷을 입고 서있는 모양이 어린 공주와 같았다
그의 이름은 요시꼬
공주가 살고있는 집을 향하여
나는 해바라기가 되어 버렸다
아버지는 공주의 집에서
운동화를 사가지고 오셨다
그래서 요시꼬와 친구가 되었고
어느날 공주는 한마디의 말도 없이
내곁을 떠나 버렸다
그의 인형같은 모습만 아롱거린다

가을에

가을을 타는 나무
몸을 비틀어
저 깊이에서 나 뭇잎을 물들이면
그렇게 열매는 뜨겁게 열려요
온몸이 타올라
푸른 하늘 그대를 보면
나도 모르게
그대 품에 안겨 함께하고파요
나는 사랑을 타는 강물
내 온몸을 바쳐
가장 밑바다 저어둠을 삼키면
조용한 밤에 정직한 이야기를 담고
사랑의 노래 들려주고
그대와 한몸으로 푸르게 하고 싶네

가을 1

열매를 얻어 살찌우는 가을
낙엽들이 옷을 벗는다
가을에는 비옥(肥沃)한 대지에서
창고에 가즉 채우는 시간이 되고
세상 모든 사람들
모두가 넉넉했으면 좋겠다.

시월

시월은
단풍이 꽃처럼 물드는 계절
가을같은 좋은 친구들과
자연의 향수에 취해
향기로운 추억 여행을
떠나고 싶다.

단풍

언제 변했는지
온통 붉은 옷을 입고 왔다
천천히
그러나 조금씩 하루하루
물들었다 하며
가을 단풍처럼
세상을 아름답게 만들자 한다

낙엽

파아란 하늘아래
울긋불긋 옷갈아 입은
가을 끝자락에
차곡차곡 쌓인
낙엽처럼
우리 삶에도 따스한 온기가
가득해지기를 소망한다

희망

둥근 보름달에게
희망을 말해본다
그날이 멀지 않았다고
조금더 힘내라고
우리 다함께 일어나
희망을 기다리며
활짝 웃어보자

코스모스 1

코스모스가 고개를 내밀고
웃는 얼굴로 넉넉한 마음으로
인사를 한다
하늘은 파랗고
시원한 바람과 함께
가을이 왔다고
춤추며 노래한다

가을향기

가을향기 냄새가 나고
귀뚜라미 소리가 귓가에 들린다
태양이 강렬하게 비추고
빨간 고추가 빛을 발한다
낙엽이 누렇게 물들어가며
떠날 날을 손꼽아 기다리고 있다
연탄은 빨갛게 불을 토하고
자신을 희생시켜
열매 속에 정열 낳으니
인간과 자연이
향기로 조용한 아침을 연다

세상이 보인다

마음을 비우고 생각을 바꾸면
밝은 세상이 보인다
문을 열면 산이 보이고
눈부신 햇살이 비쳐오며
한줄기의 바람이 노크를 한다
거짓됨과 아집을 버리고
세상을 보면 안 될 일이 없다
세상을 볼 때 착한 마음으로 보면
밝고 찬란한 내일이 보이며
행복하고 깨끗한 세상이 보인다

낙엽과 같은 인생

늠름하고 푸른 나무
필 때가 있고 떨어질 때가 있다.
낙엽과 같은 인생살이
오늘 하루도 안녕하신가?
하늘에서 내려다보면
수많은 사람들과 자동차들
개미떼들의 술래길 같다
시간을 멈추어놓고
참된 삶을 살고 있는가 나에게 물어보고
건강하고 행복한 삶을 위해
좋은 소식을 전하는
선한 사람이 되어 보자고 다짐한다

가을 이야기

가을은 풍성한 창고
여기저기 알알이 익어
먹을거리를 준다
창가 밖을 보니
아른거리는 물무늬와
시원한 솔개 바람이 나에게 머문다
고추 잠자리는 가을 노래를 부르며
나에게 다가오고
고향의 가을 이야기가
수많은 사연을 가지고 다가온다

무지개 옷

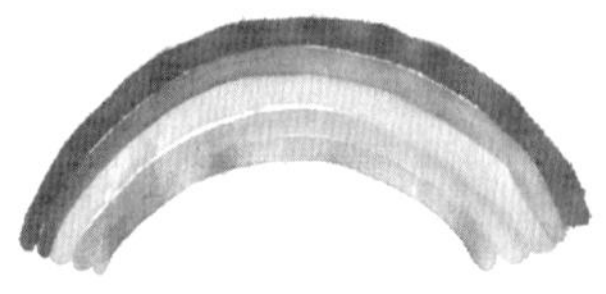

무지개 옷 갈아입고
웃음지며 찾아온다
하늘을 보고 땅을 보니
지구촌이 변하고 있다
변해가는 자연속에
돛단배를 띄우고 항해를 한다
외딴섬에 도착하니
생명들이 온몸에 불살라 버린다
지구촌을 아름답게 만들어 쉼터를 만들고
모든 생명이 웃음꽃을 짓고 있다.

가을 2

가장 낮은 자리의 밤나무 잎에
줄줄이 보석을 삼킨 몇 개는 열매고
그 나머지 모두는 이파리인
그 추억에 지금도 사는 것 같지
내 영안에 오늘도 가을을 매달고
구름을 달고 땅을 밟으며 돌아돌아
검정 고무신에 하늘을 담을 줄 아는
그 가치를
가을 너를 만나고
살은 듯 살은 듯
빗살이 쏟아지는 소리를 들으며
그 추억에 지금도 사는 것 같지
길이 꼬부라져 더 단단해진
내 오장육부 가을길이 멀수록
땅은 고마운 친구가 되고
발길이 서툴수록 그 거리를 곱씹으며
그 추억에 지금도 사는 것 같지

들꽃 한송이

우거진 잡목새로
언뜻 보이는 들꽃 한 송이
보일 듯 보일 듯 숨어 버리고
다시 얼굴을 내밀면서
살랑살랑 고갤 흔드는 네가 너무 고와라
계절이 익어가는 언덕에 앉아
흐르는 물에 발을 담그고
미풍에 살랑대는 널 바라보니
천지에 부러움이 없어라
세월 모두 날려버리고
들꽃되어 살리라
버리고 비우면서

소풍

우리네 인생은 소풍
빈손으로 왔다가 빈손으로 간다
한생을 짧게 살기도 하고
길게 살기도 하나
봄 · 여름 · 가을 · 겨울과 같다
향기가 있는 삶
내 마음 속에서 아름답게 피어난다
즐거운 보람있는
소풍으로 남아있길 소망한다.

갈대에게 물어본다

갈대에게 다가서서
무엇을 생각하고 있는지 물어본다
갈대는 외로워울고
그의 몸은 하이얀 나래를 펴고
하늘을 날고 있었다
깊은 산속 외딴곳에
외롭게 하루를 보내며
깊은 산속 홀로 살아가고 있다
살아간다는 것은 힘들지만
희망을 꿈을 갖고 살아가는 것이라고
살아간다는 것은
구름과 천둥 햇살을
내 자신이 받아들여야 한다.

국화꽃

국화꽃이 가을 속으로 인도한다
아름다운 국화꽃은
가을 우산 속에서 활짝웃고
가을이 왔다고 노래한다
아름다운 꽃밭에는
연인들이 짝을지어 찾아와
내일을 약속하며
국화꽃 향기에 추억을 만든다

코스모스 2

바람이 산들산들
코스모스 살랑살랑
코스모스에 입맞춤을 하고
가을이 오는 것을 만끽하며
향기가 있는 길을 걷는다
이 가을에 추억을 만들고
사랑을 만들며
행복을 노래하며 연주한다

세상 구경

산천초목이 무성한 숲속에서
흥겨운 노랫가락이 흘러나오고
아름다운 다정한 속삭임이 귓가에 들린다
자연은 무지개빛으로 화려하다
온 지구가 붉은 옷으로 갈아입고
자연 속의 색동저고리가
푸른 하늘을
훨훨 날아오른다
나비처럼 날아서 세상 구경을 하고
보이지 않는 어디론가 가버린다
우리네들의 세월도 흘러 흘러
하나 둘 낙엽처럼 지나간다

덧없는 세월

저 구름 흘러가듯
덧없이 세월은 흘러간다
책장 한 장을
가볍게 넘기듯
기약 없는 시간은
훌쩍 지나가 버렸다
아 – 흘러간 세월이여
기약 없는 인생이여
불현 듯이 무상함을 느낀다
우리는 무엇을 하다가 무엇을 남길까
저 구름 흘러가듯
세월은 그렇게 덧없이 흘러만 간다

보금자리

귀뚜라미 소리
그물 사이로 스며들고
온 세상이 그물망으로
엉켜 흔들리고 있다
잠까지 내던진 날
나를 따라 온 길들이
눈덩어리처럼 커져 뒤뚱거린다
“사는 게 뭔가?”
어두운 발자국
소리 없이 캐묻고
크나큰 산 하나 집어 삼킨다

제4부

내 곁에 그대가

가을 한지+혼합재료, 72x50cm, 2020

말복

여기저기에서
몸보신 하느라고
삼계탕 먹는 소리가 요란하다
오십 사일간의 장마 뒤라
날씨가 푹푹 찐다
건강을 지키기 위해
더위도 무섭지 않다
더위야 물러가라

산자락 홍시

산자락 감나무의 홍시
홍시는 빛을 발하고 있고
나뭇가지는 힘에 겨워한다
홍시에게 다가가니
귓가에 대고
보물창고에 넣어 달라고 한다
홍시를 입안 가득히 채우고
빙그레 함박 웃음 짓는데
태양이 시기하듯 가을을 재촉한다

한난(寒蘭)

송곳같은 성깔이
섬하게 되살아나도
평생을 반려자로
다듬어진 매서운 정이
사르르 내 가슴속에
향기로 녹아든다
지나온 삶이
향긋한 몸서리로 가슴시려도
목줄기 같은 잎새에
눈물이 젖어 그윽하다
목숨 다할 때까지 이어질
운명의 여신
나만의
푸른 종소리로 진한 울림이다

필연

바닷가에 수많은 조약돌처럼
색깔이 다른 수많은 사람 들속에서
한사람을 만나
항상 긴 그리움의 언덕에서
사랑으로 만난 인연
하늘 아래 그 사람과 사랑으로 연을 맺고
사랑의 향기로 마음을 모아
튼튼한 씨앗으로
하나 되어 피어나길 두 손 모아 기도한다.

그리움

항상 떠오르는 얼굴
작은 별이 보름달이 되어가는 얼굴
그리다가 길을 잃어버리면
다가와 가는 길을 달려와 다가온다
그리움은 공허한 마음에서
오는 보고픔이 아니고
사무치게 피어나는 보고픈 절규다
마음속에까지 스며드는
잔잔한 편안한 물결처럼 아련하도록
못 견디게 피어나는 사랑이다.

내 곁에 그대가

깜깜한 어둠속에 있다고
그대모습 사라지랴
향기가 있고 꽃 피우는 그대
푸른 솔밭에 있거늘
앞에 없다고
그대의 사랑
어이아니 아니랴
잔잔히 속삭이며 흐르는데
나의 육신을 점령하고 있나니
내 앞에 있는 것만이
사랑이 아니어라

종소리

울적할땐 종소리도
숲속을 방황한다
우리들의 인생살이도
가슴이 아릴 때는
갈대밭의 갈대처럼 흔들린다
그럴땐 숲이 있는 새소리가 나는 곳
내 마음을 옮겨 놓은다
인생이라고 앞에 보이는게
전부가 아닌 것을
숲속에서 마음을 내려놓고
웃음을 낚으면
저 멀리서 들리는 종소리도
즐거워한다.

염병

보릿고개 시절
가난이 뭔지 잎에 풀칠하기 힘든 그때
농촌의 시골 마을에
염병이 나돌기 시작을 하고
동네 주민들이 아우성이다
불을 피워 연기를 내어 소독을 하고
사람들은 못살겠다고 난리법석인다
우리 부모님은 염병이 번질까봐
집 밖을 나가지 못하게 한다
부모 몰래 밖에 나가보니
사람들이 죽어 가마니에 싸서
나가는 광경을 목격한다
끔찍한 일이다. 그때 그 시절이 정말 무섭다.

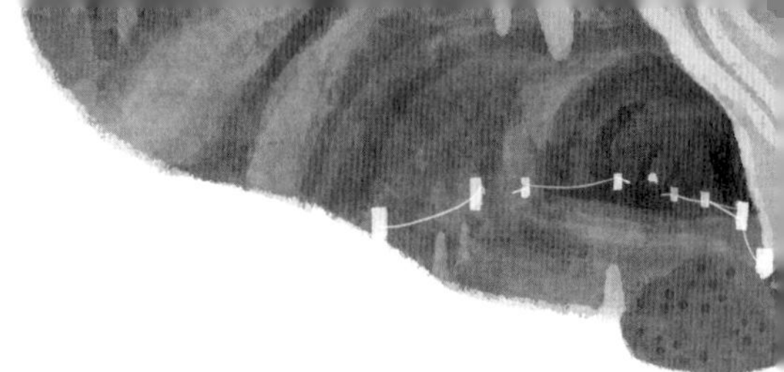

동굴

동굴에는 알지 못하는
수많은 비밀이 숨어있다
수만년 자연으로 생성된 신비스러운 풍경화
무지개 같은 화려한 색채와 같은
아름다운 그림을 그렸다
물감도 없는데
아주 멋지게 자연스럽게 조화를 이루어 놓은
아~ 아 신비스러운 자연 동굴 속에는
우리가 알지 못하는 옛이야기가 있고
수만년 전의 그때 그 일을 보여주며
우리 조상들의 숨결이
오늘도 살아 숨 쉬고 있다.

귀한 선물

하늘에서 하얀 선물이 쏟아지고
솜털 옷으로 갈아입은 자연 속 친구들
백설공주가 되어 즐거워한다
겨울다운 강 추위와 함께
나뭇가지는 멋진 그림으로 변하고
백지 같은 도로에 자동차는
개미가 되어 기어간다
눈을 맞으며 길을 걷는데
한 발자국 디딜 때마다 뽀드럭
좋은 멜로디가 되어 키스한다
이천이십년 경자년 이월 열일곱 날에
하늘이 내려 준 보석 같은 귀한 선물이다.

강물처럼

강물처럼 흘러흘러 한시대는 가고
새로운 시대가 다시 찾아와
생명체의 씨앗이
자연을 벗삼아 숲을 이뤄
울타리를 만들고 한시대를 살아간다
모든 생명체는
돌고 돌아 새로운 세상을 만들어간다
계곡의 옹달샘이 흘러 강과 바다를 만나듯이
한 시대는 돌고 돌아 간다
돌고 도는 세상 강물처럼 큰 바다가 되어
눈을 크게 떠서 세상을 바라보자

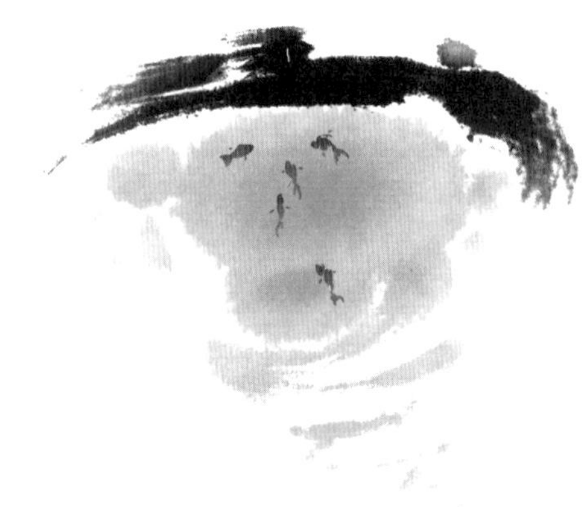

마음속에

마음속에 있는 사람
마음속에서 나를 혼동케하여
꿈속 아름다운 정원에서
그대는 내 곁에 있지만
항상 보고 싶고 그립다
파아란 하늘에는
해와 달 하얀 솜털 구름이 흘러가고
땅을 보니 수많은 생명체는 짝을 찾아
행복한 하루를 보내고 있다

하얀눈

밤새 매섭게 춥더니
하얀 눈이 수줍은 듯 살포시 내려
헝크러졌던 마음속에
하얀 눈송이처럼 차곡차곡 쌓인다
하늘의 천사가 찾아와
담대하게 용기를 가지고
세상을 구원하라고 이야기 한다
하얀 눈처럼 깨끗한 생각으로
세상을 변화시키자고 다짐해본다

한국화

산과 들 온 세상이 하얀 백지로 되었고
나뭇가지 지붕 자동차에 선물을 했다
하얀 캔버스 위에
발자국을 남기며 멋진 그림을 그려본다
세상에서 제일 큰 캔버스에
너도나도 그림을 그린다.

힘든 세상에도 봄은 온다

눈바람 맞던 언덕 위 외딴 집
시골집에 반가운 손님이 찾아오고
울타리엔 제비꽃 오종종 돋아나
뒷산 갈참나무엔 새순이 고개를 내민다
노랗게 핀 산수유 길 따라
귀여운 생명들이 재잘재잘 이야기한다
봄나들이 나온 아낙네들은
밭두렁에 앉아 찬거리 장만하고
복슬강아지는 아낙네를 따라 쫄랑대고
해 질 녘에 흐르는 실개천은
유리알처럼 빛나고
나도 모르게 풍덩 빠져든다

커피숍

서울 강남 커피숍
커피잔 속의 향긋한 냄새
젊은이들의 숨소리가 진동한다
창밖의 거리는 젊은 피가 흐르고
청춘 남녀들의 발걸음과 함게
손에 손잡고 다정하게 걷는다
고층빌딩 숲에는
휘황찬란한 네온이 춤을 추고
수많은 인파속 사람들은
다른 얼굴과 다른 옷을 입고
내일을 향해 가고 있다
강남의 밤거리가 달님과 함께 아름답고
강남의 거리는 힘이 있고 희망이 있다
오늘밤은 젊은 피가 흐르는
서울 강남의 힘 있는 사람이 되었지

농촌은 친구

농촌은 나의 생명이며 친구이고
농촌에서 탯줄 끊고 고향에서 어린시절 살았다
아름다운 자연이 친구가 되어
고향땅을 찾아 마음의 위로를 받고
아버지 어머니 텃밭에 씨를 뿌렸다
우리 가정을 부유하게 만들었던
할아버지 할머니가 기둥이 되어 대가족을 이루고
사랑과 행복한 삶이
내 고향에서 흥겨운 노래 가락으로 넘쳐난다

무지개 빛 강남

하늘 높은 줄 모르고 솟고 있는 빌딩 숲
서울 강남의 밤하늘은 무지개 빛
높은 빌딩 숲에서
아름다운 별들이 밤하늘을 수놓으며
이십 오층 호텔에도
추억을 만들며 깊어만 간다
삼성역 새벽 다섯시
전철에 몸을 싣고 있는 많은 인파
졸음을 이기지 못해
눈을 감고 기도를 하며 일터를 향하고 있다
삶이란 낮과 밤이 구별되어
다람쥐 챗바퀴 돌아가듯
향기를 가지고 마음을 재촉한다

기도의 힘

단단히 얽매인 영혼을 풀어주며
자유얻은 영화를 날 수 있게 하고
녹슬은 옥문을 열기도 한다
흙암의 굴속에 찬란한 빛을 주며
자신의 추함을 그대로 보게하고
거룩한 분과도 교제하게 한다
깊은 홍해를 갈라 벽으로 삼게하고
높은 여리고를 쳐서 평지가 되게 하며
바위를 갈라 샘이 터지게 하고
땅을 갈라서 죄를 파묻기도 한다
앉은뱅이를 일으켜 경주자가 되게하고
소경의 눈을 떠서 영원을 보게 한다
피곤한 영혼에게 생기를 주고
뻣뻣한 무릎을 꿇게 한다
나 같은 죄인도 성도로 바꾸고
“할 수 없다”를
“할 수 있다”로 되게 한다고
천국의 열쇠이며

지옥문의 자물쇠에서
기도로만 배우는 하나님의 서명(署名)이다.

제5부

마음을 비우면

겨울 한지+혼합재료, 72x50cm, 2020

말

아름다운
위로의 말 한마디가
향기가 꽃이 되고
웃음 짓는 미소가
행복을 만들고
가슴속에 씨앗이 된다

세월

수많은 꽃 들 속에
피지 않으면
꽃이 아니고
늙지 않으면 사람이 아니니
지나가는 세월 탓 하지 말고
청춘으로 살아갑시다

바람

바람이 분다
바람은 당신의 등 뒤에서 불고
항상 따사로운 햇살이
당신의 얼굴에 가득 비추길
두손 모아 기도한다

입추

우리집에 입추가 찾아왔다
열매는 알알이 익어가고
곡간은 배불러 행복하고
가을을 가슴에 안고 사랑하며
내가 꿈꾸는 세상
빨리 오라고 이야기한다

비움

자신을 낮추고
오장육보를 비우고
햇빛과
스쳐가는 바람에게도
감사함을 느끼고
욕심을 버리고
모든 걸 비우니
세상이 행복해지고
감사로 변해간다

동지

동지
팥죽을 만들기 위해
온 식구가 새알을 두 손 모아 만든다
아궁이에 불을 지피고
솥단지에 끓인다
새알은
나이만큼 먹어야한다며
밥상위에 한그릇을 놓은다
집안 이곳 · 저곳을 다니며
악귀는 오지 못하도록
팥죽을 집인 곳곳에 뿌린다
팥죽의 힘은 대단하다

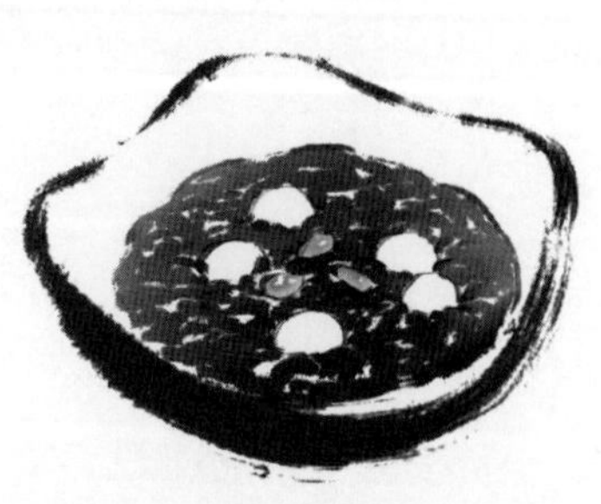

웃자

웃고 사는 사람은
마음이 평화롭고
저 멀리 피어있는 꽃처럼
가만히 침묵하고 있어도
향기가 나며
꽃 속에
벌떼와 나비가 찾아오듯
많은 사람을 품고 산다

빗줄기

빗줄기가 창가를 적시고
내 마음 밭에는
사랑이 심어지고
내리는 비로 인해
꽃 피우며
사랑꽃 행복꽃이 피어난다

마음을 비우면

마음을 비우면
나를 알게 되고
빈손 들고 세상에 나온
고향집의 가족이 보이고
철없이 뛰어놀았던
앞산 뒷산 친구가 보이고
마음을 비우고 내려놓으면
지구촌의 모든 생명체를 사랑한다

불꽃

나뭇가지에 불을 붙이니
나무 더미가 불에 활활 타오른다
불길은 불꽃으로 주변을 깨운다
솔솔바람이 찾아와
희망의 꿈을 안고
바람 타고 하늘로 날아간다
불꽃은 숯불이 되어 재가되고
흔적도 남기지 않은 체
흙의 밀알이 되어 여행을 한다

생각할 때마다

당신을 생각할 때마다
벌써 내 마음은 가있다
한생을 어울려 함께 살아가면서도
순간마다 그리워하는 것은
네 안에 내가 있기 때문이다.
내 마음속에 당신이 살고 있어
나는 오늘도 힘 있게 살아간다
아무 조건도 없는 사랑
당신과 내가 하나 되는 예술
우리의 삶은
서로의 영혼을 춤추는 황홀한 축제
새로운 감동을 꿈꿀 때에
당신은 내게 사랑으로 다가와
나는 너를 통해 하늘을 노래한다

행복

사랑
사랑은 표현해야 하며
꽃나무는
꽃을 피어야 예쁘고
바람
바람은 불어야 시원하듯
우리가 겸손하게 살면
이 세상 모두가
행복해진다

축복

아름다운 대자연의
축복 속에
가을풍경 소리에 가슴적시고
단풍은 서사시를 쓰기 시작하며
모두 힘내라고 이야기한다.

종착지

거북이처럼 쉬어가든
걸어가든 · 뛰어 달려가든
종착지는 하나
무엇이 급하길래
뛰어 달려가는가
서서히 앞뒤를 살펴보며
소풍가듯 살면
좋지 않겠는가

나그네

나그네가 되어
발길 닿지 않는
오솔길을 걸으며
산천초목에게 묻는다
누구 없느냐 불렀더니
어디선가 불쑥 나타나
새들이 노래하며
숲을 살리고 보호해 달라고
나그네는
지구를 살려달라고 애원하며
발길이 닿지않는
오솔길을 뚜벅뚜벅 걷는다

눈이 꽃이 되어

눈이 펑펑 쏟아지고
눈이 꽃이 되어
온 세상에 피어나 반짝인다
세상은 설국으로 변장하고
희망이 되어 기쁨을 주며
나뭇가지 가지마다
천사의 옷으로 갈아입고서
좋은 일이 있을 거라고 한다
눈이 꽃이 되어
꽃들이 활짝 웃음 짓는
봄날이 돌아오겠지

에델바이스 꽃 피워

눈보라를 이겨내고 피어난
하~얀 귀한 꽃 에델바이스
봄에 피는 꽃은
여름을 그리워하며 피고
가을에 피는 꽃은
겨울에 피는 꽃을 부러워하며
활짝 피어 나래를 편다
혹한의 알프스 히말라야 산속에서
눈보라를 맞으며
앙증맞게 피어난 고귀한 꽃
에델바이스처럼
힘든 세상을 이겨내어 꽃피워보자

제6부

자유의 여신상

미국의 노래 (LA에서)

푸른잔디
멋대로 자란 듯
멋대로 웃는 나무들
멋대로 옷을 입는듯
멋대로 행복한 세상
달려도, 달려도 끝이 없고
꽃들의 미소가 절로 피는
거대한 자원이 출렁이는 곳
미끄러지듯 태양이 손 내밀면
미국의 창이 열리고
풀 향기로 길을 내는 사람들
맘대로 자유로운 듯 맘대로 즐기는 듯
최초의 웃음을 이끄는 사람들
자유의 여신상이 하늘을 향하면
날개짓하며 하늘을 날고 있는 사람들
그들은 아래를 내다보지 않는다

워싱턴

얼굴 색깔과 언어가 다르다
지구촌은 하나임에 틀림없고
미국은 큰 땅과 자원을 소유하고
차고 넘치는 부자나라
미국에 체류하고 있는 동안
나는 대한민국 외교관이다.

미국 라반지 브롯티 다리

뉴욕주 뉴지나주 테라디움
갈매기는 유유히 날고
길고 긴 다리는 오점팔키로
수많은 차량들은 꼬리를 물고
라반지 브롯티로 흐르는 바다
저멀리 보이는 돛단배 유유히 간다
뉴욕주 자연의 화려함과
동화나라 같이 아름다워
이곳에 마음이 멈춰 버렸다.

허드슨강 1

아름다운 허드슨강
힘겹게 등에지고
묵묵히 인내하며
높은 고가도로를 지키고 있네
오늘도 강물은 조용하게
변함없이 유유히 흘러흘러
수많은 사람들에게
일용할 양식을 공급하고
창고에 가득찬 양식을 보며
행복한 마음으로 웃고있네
허드슨강의 이웃들은
무지갯빛 옷으로 갈아입고
잘 다녀가라 안녕을 고하고 있네

독수리 같이

파아란 하늘
높고 높은 하늘 위를 날고 있다
하얀 솜털 같은 양떼구름과
뜨거운 불빛도, 내가 알 수 없는
끝이 보이지 않는 곳을 향하여
독수리같이 힘차게 날고 있다
사백 명 이상의 사람
많은 화물을 싣고 쉬지 않고
열다섯 시간을 달렸다
엄청난 괴력을 발산한다 비행기는
넓고 넓은 미국 땅에
나비가 되어 살며시 내려앉는다
모두가 꽃이 되어 활짝 피었다

유엔

세계 각국 나라의 국가가
펄럭이는 유엔총회
펄럭이는 국기 앞에 뭉개진 권총의 조각상
세계 각국이 싸우지 말고
잘 살기를 바라는 거 같다
흑과 백이 함께하는
지구촌의 사람들
서로 손잡고 친구가 되기를 기도한다

자유의 여신상

미국 뉴욕
자유의 여신상
세계 각국의 여행객들과
배에 몸을 의지하고
자유의 여신상 가까이 배에서 내렸다
주변의 나무와 꽃들이 잘 정리되었고
우리를 반긴다
자유의 여신상의 내부로 들어가
계단을 통해 머리 부분 가까이
걸어 올라와 보니 아름답다
이곳에서 자유의 여신상과 함께
평화의 메시지를 전해본다

뉴욕의 밤거리

높은 고층빌딩
앞을 보니 엠파이어 스테이트 빌딩
밤거리엔
무지개 빛깔의 네온이 번쩍인다
무지개 빛에 들어가서
무지개를 타고 훨훨 날아본다
훨훨 날아 구석구석을 보니
흑과 백이 공존 한다
그 속에서 한배를 타고
태평양을 향해 항해를 한다

허드슨강 2

허드슨강은
희로애락을 가슴에 품고
변함없이 그때 보았던 대로
자리를 지키고 있고
거대한 꿈을 품고 있는 그대여
당신을 벗 삼아 노래하며
살아갈 수 있도록
나에게도 위대한 능력의 힘을 주겠소
허드슨강이여

몽골의 밤

하늘과 땅에
수많은 별들이 하늘을 수놓고
반짝반짝 환한 미소로
손짓을 한다
내 머리 위의 수많은 별들이
마음속에 들어와 자리잡아 버렸다
울란바토로 게르
영하 40°의 밤은 계속되고
가슴에는 뜨거운 열기를 토해낸다
게르에는
어느사이 따뜻한 온기가 돌고
영하 40° 추위에 티셔츠를 입고
몽골의 밤과 견주어본다

베트남에서

찜질방 같은
뜨거운 열기가 온몸에 스며든다
사십도의 온도와 습기에 숨이 막히고
거리마다 살아가고 있는 모습의
새로운 풍경과 문화를 엿볼 수 있다
도로에는 오토바이의 요란한 소리가
곳곳마다 전 도로를 차지하고
매연으로 인해 주변 환경은 더럽혀지고
후진국에 삶을 엿볼 수 있다
아직 개발되지 않는 땅
후세들이 더 좋은 나라를
만들어 가기를 기대해본다

시내산 정상

시내산 정상을 향해 걸음을 재촉하는데
온 산이 붉은 색을 띠고 있다
여기저기 보아도
사람이 살수 없는 곳 같다
새벽에 출발해서 왔는데
산너머에서 벌겋게 동이 튼다
떠오르는 태양을 끌어안고
"할렐루야"를 외쳤다
정상에 올라
무릎을 꿇었다 놀라운 하나님의 능력이
나에게 임하고
기도를 한 후 온몸이 가볍다
시내산은 능력이 샘솟고
하나님의 음성을 듣는
응답받는 명산이다

폼베이

폼페이에 발길을 멈추고
이천년의 역사를 본다
그 자리에는
이천 년 전의 내가 있고
그때 그날의 일들이 그곳에
표현할 수 없는 비참한 모습이 있고
수준 높은 생활 환경 속에
사랑이 있었고
행복한 가족이 있었다
폼페이의 참상을 잊지 못하겠다

덴버의 추억

제일 살기 좋은 휴양도시 덴버
숲속에는 나이 먹은 할아버지 나무
자연 속에서 어울려 함께 살고
친구가 되어 손잡아 본다
따뜻한 온기가
심장을 요동치고
사랑을 나누었던 그날이
마음을 빼앗아간다
덴버(코로나도)의 추억이

미국 오하이오

산천이 화려하고
도시와 농촌이 조화를 이루고
잘 정돈된 거리
크고 작은 사람들
색깔과 언어가 다르지만
모두가 해바리가 되었다

만리장성

만리장성은
성벽을 쌓아 외침을 막았고
생명과 피를 내놓았으나
떠도는 영혼들이
만리장성에서 소리치며
편히 쉴 곳을 달라 한다
하늘에 물어보고
영혼들을 위해 기도하니
무지개가 찾아오고
해님이 밝은 빛을 주신다

시내산에서

한 치 앞도 보이지 않는 새벽
낙타 등에 봉을 잡고
시내산 정상을 향해
좁은 산길을 한 발자국 옮긴다
시내산 능력의 봉우리 올라
하나님께서 함께 하심을 믿고
아브라함이 머물고 기도했던 자리에
덥석 무릎 꿇고 부르짖더니
하늘 문이 활짝 열리며
무지갯빛으로
각종 은사와 선물을 주셨다

피라미드와 스핑크스

새들이 노래하지만
모래바람이 불고 있는 여기에
외롭게 자리를 지키고 있는
피라미드와 스핑크스
지구촌의 사람들에게
지난 세월의 역사를 알려주고
다가올 미래를 이야기하며
색깔, 언어, 풍습이 다르지만
따뜻한 가슴으로 포옹하고 키스한다

이희두 시집

소크라테스 형
세상이 왜 이래

초판인쇄 | 2020년 12월 25일
초판발행 | 2021년　1월　1일

지은이 | 이희두
발행인 | 서정환
펴낸곳 | **계간문예**
편집부 | 03132 서울시 종로구 삼일대로 30길 21 종로오피스텔 808호
주　소 | 03132 서울시 종로구 삼일대로 32길 36 운현신화타워빌딩 305호
전　화 | 02-3675-5633, 070-8806-4052
팩　스 | 02-766-4052
이메일 | munin5633@naver.com
출판등록 | 2005년 3월 9일 제300-2005-34호

ISBN 978-89-6554-230-8(03810)
값 13,000원

* 잘못된 책은 바꿔 드립니다.

이 도서의 국립중앙도서관 출판예정도서목록(CIP)은 서지정보유통지원시스템 홈페이지(http://seoji.nl.go.kr)와 국가자료종합목록구축시스템(http://kolis-net.nl.go.kr)에서 이용하실 수 있습니다. (CIP제어번호: 2020054487)